Soccer Counts! ¡El fútbol cuenta!

Barbara Barbieri McGrath y Peter Alderman
Ilustrado por **Pau Estrada**

ini Charlesbridge

Count on soccer for action and fun.

¡Cuenta con el fútbol para acción y diversión!

Come join your friends to kick, pass, and run!

¡Únete a tus amigos en correr, chutar y pasar el balón!

O Zero   *Cero*

It's zero to zero. You need goals to win.
When everyone's ready, we can begin!

Cero a cero: hay que marcar goles para ganar.
¡Si todos están listos, es hora de empezar!

Some people believe soccer has been around for three-thousand years.
Today soccer is the world's most popular sport.

Algunos creen que el fútbol ha existido desde hace unos tres mil años.
Hoy es el deporte más popular del mundo.

1 One *Uno*

One ball is waiting. The whistle then blows.
Time for the kickoff—then everyone goes!

Uno es el balón, el silbato suena.
¡Se saca del centro, movamos las piernas!

The first soccer ball was actually a pig's bladder. Eventually players used a round rubber ball, which they inflated with a pump.

El primer balón de fútbol fue una vejiga de cerdo; mucho después los jugadores usaron un balón de caucho redondo que inflaban con una bomba.

2 Two   *Dos*

Two keepers try hard to stop the ball.
They leap, stretch, and catch—and sometimes fall!

Los dos porteros quieren detener el balón:
¡Se estiran, saltan, bloquean, qué tremenda emoción!

The goalkeeper's job is to stop the ball from going into the net. She can use her entire body to stop the ball, including her hands. After catching the ball, she can throw it, roll it, or kick it back into play.

La portera debe evitar que el balón entre en la portería. Puede usar todo su cuerpo para detener la pelota, incluyendo las manos. Tras detenerla, puede pasarla con la mano, hacerla rodar o patearla.

3 Three   *Tres*

Officials watch carefully—can you count three?
When the "ref" blows his whistle, don't dare disagree!

Tres árbitros vigilan lo que pasa en el juego:
¡Tienes que obedecerles, te lo ruego!

In the early days of soccer, there were no referees, or "refs." Today there is one referee who keeps time and makes calls. Two assistant referees look for out-of-bounds balls.

En los primeros tiempos del fútbol no había árbitros; hoy, un árbitro marca el tiempo y señala las faltas, y dos ayudantes vigilan cuando la pelota está fuera de juego.

4 Four *Cuatro*

Count flags in the corners. You'll see there are four.
For an out-of-bounds call, the ref lifts one more.

Hay cuatro banderines en las esquinas;
si el balón sale, el ayudante alza el suyo.

The four corners of the rectangular field are marked with a flag. If the ball goes
outside the parameter of the flags, the referee will raise another flag to show
the players that the ball is out of play.

En cada esquina del rectángulo del campo de juego hay un banderín. Si el balón sale,
el ayudante levanta su propio banderín para indicarlo.

5 Five *Cinco*

If a player should happen to fall to the ground,
Five fingers will help him. A good sport is found.

Y si algunos jugadores por el suelo rodaran,
cinco amistosos dedos los levantarán.

When soccer was first played in England, it was a wild game played by tough guys.
Rules, officials, and sportsmanship made the game much more friendly and accepted.

Cuando el fútbol empezó a practicarse en Inglaterra lo jugaban tipos muy rudos.
Las reglas, el arbitraje y el buen espíritu deportivo lo hicieron menos violento y
más aceptado.

6 Six *Seis*

Six substitutes wait on the sidelines to play.
If teammates get tired, they'll help them this day.

En el banquillo esperan los seis reservas,
por si alguno se cansa, o tal vez se enferma.

Players run, run, and run up and down the field. When they get tired
or hurt, they may need to come off the field. The players who take
their places are called substitutes.

Los jugadores corren, corren y suben y bajan por el campo. Si se cansan
o se lastiman, pueden salirse del juego y tienen que ser sustituidos por
las reservas.

7 Seven   Siete

The half's almost done—seven minutes to go.
The referee looks at his watch so he'll know.

Sólo siete minutos quedan del primer tiempo.
El árbitro mira el reloj, debe estar en lo cierto.

The players run around for forty-five minutes.
Halftime gives the players a chance to rest and
get a drink.

Cada uno de los dos tiempos de un partido dura
cuarenta y cinco minutos. Los quince minutos
de descanso sirven para que los jugadores se
recuperen y beban algo.

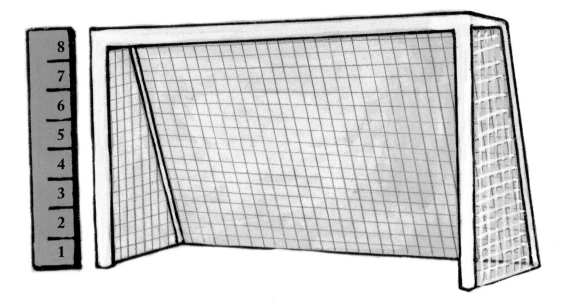

8 Eight *Ocho*

Don't kick the ball too high in the sky.
Remember the goal is just eight feet high.

Al balón lo has mandado demasiado arriba:
¡no mide ocho metros de alto la portería!

The goal is eight feet high—about as high as a garage door. Netting at
the back stops the ball when a team scores.

La portería mide ocho pies de alto (2.44 metros), casi la misma altura
de la puerta de un garaje. La malla que cuelga de los palos detiene
el balón cuando uno de los equipos marca.

9 Nine   *Nueve*

Controlling the ball is a very hard chore.
This team passes nine times—will they score?

Controlar el balón es tarea complicada:
Nueve pases, no menos, culminan la jugada.

Teams can pass as many times as needed. Players can pass the ball by kicking, heading, or kneeing it in any direction they want.

Los jugadores pueden pasarse el balón tantas veces como sea necesario, usando para ello los pies, la cabeza o las rodillas en cualquier dirección que quieran.

10 Ten *Diez*

On a free kick, one team stands ten yards from the ball.
They line up to block in a long human wall.

A diez yardas se pone la barrera,
que no sufra un disgusto nuestra portera.

Sometimes when a team does something wrong, the other team gets a free
kick. The team that made the mistake, or foul, may have their players stand
side by side to try to block the ball after it is kicked.

Cuando algún jugador de uno de los equipos comete una falta, el árbitro pita
un libre directo. Los jugadores del equipo al que se le ha pitado la falta se
colocan formando una barrera para impedir que el balón llegue a la portería.

11 Eleven *Once*

The half is now over. The teams played their best.
Eleven tired players from each team can rest.

Terminó el primer tiempo: todos se han esforzado.
Descansan los once de cada equipo porque se han agotado.

There are eleven players on each team, and four positions: keeper, fullback, halfback, and forward.

Cada equipo cuenta con once jugadores en cuatro posiciones: portero, defensas, medios y delanteros.

keeper
portero

fullback
defensas

fullback
defensas

fullback
defensas

fullback
defensas

halfback
medios

halfback
medios

forward
delanteros

forward
delanteros

forward
delanteros

forward
delanteros

When a foul happens in the penalty area, the referee awards a penalty kick, and no defensive players can help. Only the keeper can try to stop the ball.

Cuando un jugador comete falta en el área pequeña, el árbitro pita penalti, sin que los defensas puedan intervenir. Sólo el portero podrá detenerlo.

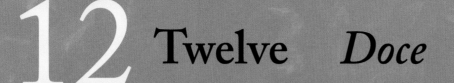

12 Twelve Doce

The ball's twelve yards out for this penalty kick.
It soars past the keeper—that score was quick!

A doce yardas justa se coloca el balón.
El delantero chuta… ¡qué bonito es un gol!

13 Thirteen   *Trece*

This is equipment brought to the game.
Can you count thirteen pieces? Some are the same!

Con este equipamiento se ha jugado el partido:
¿Has contado los trece? ¡Hay varios repetidos!

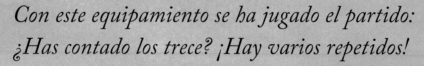

Each player has a shirt with a number on the back. They also wear shorts and a pair of socks. A pair of cleats makes it easier to run without slipping. Shin guards protect the players from getting kicked.

Cada jugador tiene una camiseta con un número en la espalda. También usa pantaloneta y un par de calcetines. Lleva un par de zapatos especiales con tacos para resbalar menos. Las espinilleras protegen a los jugadores de las patadas.

14 Fourteen *Catorce*

Fourteen feet scramble. Excitement is high.
The keeper is reaching, but—GOAL! It's a tie!

En el área pequeña catorce pies lo intentan nerviosos:
¡Qué golazo, señores, es un empate hermoso!

Players often cluster around the goal when a team is trying
to score. They try very hard to kick the ball into the goal.
The other team tries just as hard to stop the ball from going
into that goal.

Los jugadores suelen juntarse en el área pequeña
cuando intentan marcar: hacen todo lo posible para que
el balón entre en la portería, pero el equipo contrario
intenta impedirlo como pueda.

15 Fifteen *Quince*

Fifteen fans cheer. They yell and they shout!
What a great game! But time has run out.

Quince aficionados gritan emocionados.
¡Qué partidazo! Pero es hora decir adiós.

Fans come to watch the game and cheer for their favorite team. Fans can be family, friends, or just people who love watching soccer.

Los aficionados van a ver el partido y a animar a su equipo. Los seguidores del equipo pueden ser familiares, amigos o sencillamente gente a la que le gusta ver partidos de fútbol.

Score more soccer facts!

¡Marca más datos fútboleros!

- Soccer was part of the first Olympic Games in ancient Greece—but those matches had twenty-seven men on each team, instead of eleven as they do today.

  El fútbol fue deporte olímpico en las primeras Olimpiadas de la antigua Grecia, pero los equipos tenían veintisiete jugadores en lugar de los once de hoy.

- A regulation ball is twenty-seven to twenty-eight inches around.

  Un balón de reglamento tiene entre sesenta y ocho y setenta centímetros de circunferencia.

- Of the eleven players on a team, the keeper protects the goal. The fullbacks are in front of the keeper and defend the goal. Halfbacks help defend the goal and also help score goals. Forwards try to score the goals for the team.

  De los once jugadores del equipo, el portero es el que protege la portería. Los defensas están por delante de él y le ayudan en su tarea. Los medios defienden pero también atacan, y los delanteros tratan de marcar los goles del equipo.

- Goalkeepers have a big advantage in using their hands to stop the ball from entering the goal. Other players cannot use their hands when they are on the field.

  Los porteros tienen la gran ventaja de que pueden usar las manos para detener el balón pero a los demás jugadores les está prohibido hacerlo.

- A goal counts only if the ball rolls or flies completely over the goal line.

  El gol se marca sólo si el balón pasa por completo la línea de gol.

- The coach uses halftime to give players tips for better play in the second half.

  El entrenador da indicaciones a sus jugadores durante para que juegen mejor en el segundo tiempo.

PHOTO CREDIT: EMILY MERRIGAN

To Maggie and Kiley, future champions—B. B. M.

With love to my wife, Pam, and our three sons, Chris, Shaun, and Jason—P. A.

For Toni, who loves the game—P. E.

A Maggie y Kiley, futuros campeones —B. B. M.

Con amor a mi esposa, Pam, y a nuestros tres hijos, Chris, Shaun, y Jason —P. A.

Para Toni, que le encanta jugar —P. E.

Translated by Alberto Jiménez
Text copyright © 2011 by Barbara Barbieri McGrath and Peter Alderman
Illustrations copyright © 2011 by Pau Estrada
All rights reserved, including the right of reproduction in whole or in part in any form.
Charlesbridge and colophon are registered trademarks of Charlesbridge Publishing, Inc.

Published by Charlesbridge
85 Main Street
Watertown, MA 02472
(617) 926-0329
www.charlesbridge.com

Library of Congress Cataloging-in-Publication Data
McGrath, Barbara Barbieri, 1954–
    [Soccer counts! Spanish & English]
    Soccer counts! = ¡El fútbol cuenta! / by Barbara Barbieri McGrath and Peter Alderman ; illustrated by Pau Estrada.
        p. cm.
    Summary: An introduction to counting using the history, rules, and fun facts about soccer, the world's most popular game.
    ISBN 978-1-57091-795-0 (reinforced for library use)
    ISBN 978-1-57091-794-3 (softcover)
1. Counting—Juvenile literature. 2. Soccer—Juvenile literature. I. Alderman, Peter.
II. Estrada, Pau, ill. III. Title. IV. Title: Fútbol cuenta!
QA113.M3937318 2010
513.2'11—dc22   2010023563

Printed in Singapore
(hc) 10 9 8 7 6 5 4 3 2 1
(sc) 10 9 8 7 6 5 4 3 2 1

Illustrations done in gouache and ink on Canson paper
Display type set in Quaint ICG and text type set in Adobe Caslon Pro
Color separations by Sung In Printing, South Korea
Printed and bound September 2010 by Imago in Singapore
Production supervision by Brian G. Walker
Designed by Susan Mallory Sherman